LE RÉGÉNÉRATEUR
du Goût

par

M. V.-A. DUVAL.

MANUEL CRITIQUE

THÉORIQUE ET PRATIQUE

de la préparation

des

SUBSTANCES ALIMENTAIRES

LE PLUS EN USAGE.

Cinq parties paraîtront successivement et contiendront chacune un ou plusieurs sujets complets pour être séparés ou réunis en un petit volume.

PREMIÈRE PARTIE : **DU CAFÉ.**

PRIX : **50** centimes.

La 2ᵐᵉ Partie aura pour objet le Chocolat, le Thé, le Lait et l'Eau-de-Vie.

SE TROUVE CHEZ TOUS LES LIBRAIRES

Et chez l'AUTEUR, Boulevart Saint-Martin, 12.
PARIS.

UN AVEUGLE A UN AVEUGLE.

Vous avez tort, très-grand tort, Monsieur, de me charger d'une Préface pour votre petit livre, car je vis dans le mépris du café vos amours, que je regarde, moi, comme le plus implacable des poisons... Oh! si la BRINVILLIERS en avait connu les déplorables effets !

VOLTAIRE ne s'est-il pas empoisonné pendant quatre-vingts ans avec du café? Madame DE SÉVIGNÉ en parlant de l'immortel Poète à qui nous devons Athalie, Phèdre, Andromaque, Iphygénie et tant d'autres chefs-d'œuvre n'a-t-elle pas écrit que *le Racine* passerait comme le café.

Elle a raison jusqu'ici, l'illustre Bas-Bleu, mais permettez aux siècles de marcher et vous verrez.

Quant à moi, qui ne me laisse plus enlacer aujourd'hui par le caquet de celui-ci ou le sourire de celle-là, ma mémoire se fatigue au souvenir des désastres occasionnés par le parricide café, et je ne vous en citerai que trois ou quatre de peur de vous forcer à la renonciation de votre projet que vous appelez philantropique; suivez-moi:

Il y a quelques semaines de cela, une jeune fille de quinze ans au plus, fraîche comme une rose de mai, heureuse comme elle, s'avisa de demander le matin, à sa mère, trop faible pour la résistance, une toute petite tasse de café qu'on lui servit dans une coquette soucoupe de porcelaine du Japon... Les détails font l'histoire. Eh bien! Monsieur, deux jours après l'imprudence de la mère et de la fille, celle-ci assise dans un batelet au-milieu de six de ses compagnes, descendait la Seine. Tout-à-coup l'embarcation se heurte à un obstacle imprévu, elle chavire et sur les sept personnes

qui la montaient toutes se noyèrent excepté six. La victime,
celle-là même qui, deux jours avant, avait avalé une tasse
de café, périt seule dans la catastrophe. Vanterez-vous encore votre découverte?

Une autre fois, dimanche dernier, un gras et gros ren-
tier du faubourg Saint-Martin qui, depuis plusieurs mois
avait donné des signes non équivoques d'aliénation mentale,
prit le chemin des Champs-Élysées après avoir savouré
deux simples gorgées de votre liquide favori .. à l'aspect
du magnifique Arc de Triomphe qui rappelle tant d'illus-
trations à la tombe, l'envie lui est donnée de planer, domi-
nateur, sur le gigantesque monument de marbre, de bronze
et de granit.... Il monte, admire le plus splendide panorama
du monde, s'agenouille, prie, pleure, sourit, enjambe le
parapet, s'élance, tournoie dans l'espace et se brise le
crâne sur les dalles, encore le café!

Mais voici un exemple plus effrayant encore, j'allais dire
plus incroyable, c'est à vous d'en juger.

Jérôme BLONDEAU natif d'un des plus riches villages des
Pyrenées, avait contracté la détestable habitude du café,
il en prenait une demi-tasse par semaine, aussi sa santé
dépérissait-elle à vue d'œil. Un jour que, contre son habitude, il en avait avalé une tasse bien pleine, il écrivit à un
de ses cousins établi à Paris! Hélas! on lui apprit que ce
cousin venait de mourir et que c'était probablement la
tasse de café que lui Jérôme avait imprudemment avalé qui
avait tué son malheureux parent..... Qui expliquera les
décrets de Dieu! »

Ne sais-je pas que si la gracieuse Hortense DAMAIN n'a
pas été écrasée hier par un affreux omnibus, c'est parce
qu'elle a refusé une demi-tasse que lui offrait une de ses
amies?

Et si Mademoiselle MARTIN a remporté le prix d'harmonie
au Conservatoire, n'est-ce point parce que de sa vie, elle
n'a humecté ses lèvres d'une seule goutte de café? Com-

battez des arguments, Monsieur, mais respectez les faits, CONDILLAC n'est pas plus logique. De pareils exemples ne corrigent personne, les vices et les mauvaises passions pavent l'univers, et puisque notre voix n'est pas assez retentissante pour arrêter le mal, suivons le flot qui roule et fouillons dans les pages de l'histoire des peuples afin de nous assurer s'il n'y a pas là quelques arguments pour combattre les nôtres.... Je cherche la lumière, cela ne m'est-il pas permis, à moi qui depuis plus de quinze ans marche dans les ténèbres ?

Faisons de la Botanique : café fruit du cafier, baie de la forme et du volume d'une cornouille ; d'abord d'un beau rouge vermeil, il prend une teinte brune à l'époque de sa parfaite maturité, renfermant deux graines accolées face à face et qu'on appelle vulgairement grains de café.

Le grain de café cru n'est doué d'aucun parfum et n'offre qu'une saveur herbacée peu agréable ; mais en cet état, il possède des propriétés fébrifuges...

Je commence à me repentir de mon anathème, mais je ne fais pas encore volte-face.

Poursuivons nos études.

Un Poète classique, entre tous, Delille, se déclare mon ennemi et dit en deux vers ce qu'il pensait, sans doute, et ce que je combats toujours :

C'est toi divin café dont l'aimable liqueur
Sans altérer la tête épanouit le cœur.

Si je rêvais des vers pareils, je briserais ma plume ; mais Delille a ses priviléges. Helas ! il était aveugle comme moi, faisons-lui grâce.

L'usage des infusions de café se répandit rapidement, à partir du milieu du XVe siècle, dans tout l'Orient, en Syrie, en Arabie, en Egypte, en Turquie, en Perse, dans l'Inde, jusqu'à Ceylan et à Java. Il n'en fut pas de même en Europe, ce fut à Venise en 1615 qu'on prit pour la première fois du café, puis à Marseille en 1654. Les Médecins dénoncèrent cette boisson comme dangereuse pour la santé, comme un poison lent ; mais, dès que le café fut défendu, tout le monde en voulut prendre et les Médecins encore plus que les autres, tant ils sont logiques les Esculapes de toutes les époques !

La consommation du café en Europe dépasse 300,000,000 de kilogs. Est-ce que ce chiffre me condamnerait ? Je commence à le craindre.

Maintenant, voyons si en fouillant loin de nous, je ne trouverai pas un baume pour les blessures qu'une arme à deux tranchants pourrait me faire. Je sillonne l'Atlantique, et, du Canada je descends jusqu'à l'Amazone... Au diable les *États de l'Union !* Ses plages, ses ports, ses magasins sont empestés de café, on en prend le matin, à midi, le soir, à toute heure, on en rêve la nuit, on en éventre les navires, et l'on jurerait que, sans le café la République serait à l'agonie.

Ne me parlez pas du Mexique, la fièvre jaune et le café se le partagent. Santa-Anna est sans puissance contre l'un et l'autre.

J'espère bien, cher antagoniste, que vous ne me présenterez ni la Jamaïque, ni la Guadeloupe, ni la Havane, ni la Martinique, ni Saint-Pierre. Ce sont les foyers d'où s'échappent le poison mortel et si vous me forcez à une halte au Brésil, je vous accuse de trahison et de lâcheté, car, là aussi on sème le café, comme si ce vaste empire voulait se punir de ses eaux diaphanes, de ses fraîches brises, de sa luxuriante végétation. Pauvre Brésil !

Ah ! bon, il n'y a point de café sur les bords de la Plata, voici un bouclier contre vos armes.

Eh ! Monsieur, s'il n'y a pas de café aujourd'hui à Montévidéo ou à Buenos-Ayres c'est qu'on l'a bu hier... Si le café grisait, la République Argentine trébucherait à chaque pas.

Mais le Paraguay, mais les Pampas, la Patagonie, la Terre de Feu ?

A quoi bon du café là où il n'y a point de consommateurs. Les jaguars, les autruches ne boivent pas de café, qu'attendre d'une autruche?

Nous avons doublé le cap Horn et je compte bien que le Pacifique me sera plus favorable. Salut au Chili... filons, filons, le café commence à détrôner le thé.

La Bolivie et le Pérou suivent le mauvais exemple que leur donne Valparaiso; je n'aime point que l'on ne marche pas dans son indépendance.

A quoi servent les pépites Californiennes? A l'achat du vin, du thé, de l'eau-de-vie et du café. Toujours le café ! Quelle misère.

Magots, je vous tends la main, vous répudiez le café pour le thé et l'opium. Vous êtes de véritables magots.

Je n'ose pas pénétrer avec mes adversaires dans ces magnifiques archipels dont s'endimanchent deux Océans parceque j'ai souvenir du passé, et qu'alors, comme aujourd'hui, vous n'entrez pas chez un colon sans qu'il vous offre une tasse de café, même avant de vous présenter un siège.

Le café enrichit Ceylan, Java, la Sonde, Calcutta, mais il m'appauvrit, il me fait perdre mon pari, il me donne tort qand je croyais avoir raison contre tout le monde et voilà pourquoi je déteste le café, voilà pourquoi je m'empresse de clore cette Préface que j'avais cependant commencée d'une voix assez victorieuse.

Au surplus, il vaut beaucoup mieux avoir humblement tort que d'avoir trop impérieusement raison; il y aurait bassesse à frapper qui présente son dos; je me redresse donc, et, coude à coude je vous suis jusque chez vous pour me convaincre que lorsque une idée saine germe dans un cerveau, elle attire à elle tous les hommes sans préjugés et ouvre le chemin de la fortune.

Jacques ARAGO.

INTRODUCTION.

La Police sanitaire sera toujours impuissante à empêcher les falsifications ou mauvaises préparations en matière de substances alimentaires, tant que les consommateurs eux-mêmes ne lui viendront pas en aide en habituant leurs sens a discerner les substances de bon aloi d'avec celle de mauvaise nature ou frauduleuses.

A l'occassion du café, du cacao et du thé dont nous allons nous occuper, nos voisins les Anglais ont protesté en masse contre la fabrication et la vente de toutes matières pouvant servir à la falsification de ces denrées; pourquoi ne suivrions-nous pas leur exemple?

Sans être taxé d'exageration on peut dire que les neuf dixièmes des amateurs de café, de chocolat et de thé ne savent pas réellement ce que sont le café, le chocolat et le thé à l'état de pureté et de bonne préparation; il ne serait peut-être pas téméraire d'en accuser les détaillants de ces denrées.

Nous nous proposons donc, par cet écrit, de mettre les consommateurs en garde contre les fraudes qui privent leur estomac des effets salutaires que celui-ci peut trouver dans l'usage du café, du cacao et du thé, et à l'appui des différentes opinions que nous aurons à formuler, nous fournirons au besoin la preuve que ces marchandises peuvent être offertes au plus pauvre comme au plus riche, et qu'elles remplaceront avec avantage les boissons spiritueuses, dans un état de pureté incontestable et de qualité supérieure; car pour chacune de ces denrées, il n'y a pas un centime de différence par demi-tasse entre la qualité inférieure et celle supérieure.

Bien que dans ces derniers temps, des établissements

spéciaux se soient multipliés à l'infini et qu'ils aient attiré à eux un assez grand nombre de consommateurs séduits par l'appât trompeur du bon marché, ils sont loin encore du but que nous voudrions atteindre; car, on peut et on doit le dire, le café, le chocolat, et le thé y sont horriblement dénaturés, et ce n'est pas en procédant de la sorte qu'on en popularisera l'usage.

Il serait désirable, selon nous, que les mêmes mesures de police concernant la falsification des vins fussent mises en vigueur aussi pour ces sortes de boissons, nous espérons que le moment n'est pas loin où la police sanitaire s'appliquera à poursuivre rigoureusement ces fraudes.

Quand un Chef d'établissement annonce du café, fût-ce même au prix le plus vil, il ne saurait se prévaloir de l'excessif bon marché pour dénaturer le produit annoncé en employant la chicorée ou toute autre substance, sans qu'il y ait tromperie sur la marchandise vendue.

Nous ne connaissons de bon marché possible, en pareil cas, que celui qui peut résulter de l'économie apportée dans le local et le service.

Par exemple, un orfèvre n'a pas le droit de vendre comme argent massif un couvert qui n'est qu'argenté, alors même que le prix serait en rapport avec la valeur réelle de l'objet; de même aussi, un marchand de vin n'a pas le droit d'annoncer son vin à *40 centimes* le litre, si pour le livrer à ce prix, il est obligé d'y ajouter de l'eau; si enfin, une demi-tasse de café ne peut se vendre à 5 centimes qu'à la condition que ce soit pas du café, il n'est pas honnête de lui donner le nom de café. Les chemins-de-fer font jouir les voyageurs d'une même vitesse quoique à des prix différents. Au théâtre le talent des meilleurs acteurs est offert au public à des prix également variés.

Eh bien! je dis que par imitation on peut également offrir à tous les estomacs sans distinction, le luxe le plus raffiné dans la qualité du chocolat, du café et du thé quoique cependant à des prix fort opposés : pour réaliser ce grand problême, il s'agit uniquement d'apporter de l'économie dans l'ordre du service, dans le prix du local et d'exclure enfin ce faste écrasant qui ruine la plupart des fondateurs de nos maisons modernes, malgré des bénéfices de trois cents pour cent; mais en compensation, si je n'ai pas des lambris dorés, des sièges élastiques recouverts de velours ou de soie, j'oppose cette belle teinte dorée que l'on trouve dans du café bien préparé, ce velouté et ce moelleux qui sont les caractères particuliers du bon chocolat.

Pour distinguer l'établissement tel que je l'entends d'avec ceux existants, je lui donnerais le nom de *Caféterie*, et sans scrupule je francise le mot qui à mon sens définit mieux le commerce de café à l'état de grain comme à l'état liquide

Le mot est accepté car voilà que du centre de la France arrive un *Caféterier* qui se propose de fonder dans chaque Arrondissement de Paris une *Caféterie* qui je l'espère, opérera une revolution utile dans l'industrie *Caféterière*. Après tout, si je signale des abus, des mauvaises préparations, je donne à tous les moyens d'éviter les uns et les autres; c'est ce que l'on va voir et je suis heureux d'annoncer que chacun sera bientôt à même d'apprécier le mérite de mes divers systèmes par l'application provisoire qui va en être faite et où l'on pourra jouir du même luxe de la qualité aux prix variés dans la proportion de 10, 20 à 30.

« Sans faire parade d'érudition, et seulement comme causerie intime avec nos lecteurs, nous allons esquisser la silhouette de nos rivaux.

Eh ! bon Dieu! n'a pas le nez aquilin qui veut, tous les abdomens n'ont pas le volume et l'élasticité nécessaires à l'équilibre de l'homme, nous ne reprochons pas des crimes, nous signalons des imperfections; notre plume n'est pas un scalpel, et les blessés n'auront qu'à se gratter l'épiderme pour faire disparaître la démangeaison.

SILHOUETTE DE L'ÉPICIER.

Ne le crayonnez pas, je vous prie, pâle, fluet et morose, vous ne feriez point un portrait, ce serait une caricature, quelque chose de faux, de disloqué, de bizarre, et ce n'est pas là ce que nous vous demandons.

Le tailleur est un type, le commis marchand, le bottier, le maquignon, le vendeur de contremarques, le portier sont des types, vous les reconnaissez aisément à l'œil, vous ne devinez pas l'Épicier, même au flair, il échappe à l'analyse, il glisse dans la main, et cependant il est *lui*, rien que lui.

Il en est de l'Épicier comme de tout ce qui domine... Il a ses antagonistes, et quand on a décoché cette épithète d'Épicier sur un individu quelconque on croit l'avoir aplati.. Aplatissez le Mont-Blanc si vous le pouvez.

L'État d'Épicier est en *déconfiture* s'écrie le Droguiste, et parcequ'il a fait un détestable calembour, il se déclare vainqueur de son adversaire.

Doucement, Monsieur : *Droguiste* ne résonne guère mieux à l'oreille et j'aime cent fois mieux le mot *Épicier* que celui dont vous tirez vanité; on écrit des vers épicés, on a une conversation épicée, on a une langue épicée, des mets bien épicés, vous savez ce qu'on pense d'un homme *drogué...* on le fuit à tire d'ailes.

Vous lisez sur bien des enseignes tel, ou tel Épicier-Droguiste, vous ne voyez jamais, jamais, jamais Droguiste-Épicier, le premier en seconde ligne, rendons à César ce qui appartient à... l'Épicier.

Je vous ai dit que les ennemis de l'Épicier pavaient la terre; voyez jusqu'où ils poussent la haine de la profession:

— Une livre de sucre, s'il-vous-plait.

— A combien ?

— A seize.

— Cassez-le moi plus fin.

— Voilà.

— Plus fin encore.

— Voilà.

— C'est bien.

Vous sortez, vous emportez votre acquisition ; et à peine êtes-vous dans la rue que vous maugréez contre le vendeur.. le papier est trop gros, trop fort, trop lourd, il absorbe une partie de la marchandise, l'Épicier est un.... voleur.

Et lui, le brave homme, sensible à l'injure, vous vend, quelques jours plus tard, du sucre enfermé dans une poche de papier de soie, de pelure d'ognon qui ne pèse rien... Vous bondissez sur le trottoir, vous êtes heureux de la leçon que vous avez donnée au flibustier, un passant vous coudoie, le choc crève le papier, le sucre roule dans le ruisseau boueux changé en sirop et vous lancez mille anathèmes contre l'Épicier... Où est la justice ? Allez, Allez, le métier n'est pas si sucré que vous le dites.

Si, en général l'ambition perd les hommes, cette passion fatale a sauvé bien des Épiciers. Voyez : le bottier vend des bottes, le tailleur des habits, la mauvaise mère sa fille, le maquignon des chevaux, le libraire des bouquins.... Eh bien l'Épicier par un privilége que je ne comprends pas, vend de tout, du cirage, de la pommade, de la ficelle, du papier, de la cire à cacheter, de l'encre, de la charcuterie, de la bière, des hameçons, des haricots, des allumettes chimiques, que sais-je moi ? Le choléra seul est aussi envahissseur que l'Épicier.

Vous trouvez des Épiciers dans tous les quartiers de la capitale, dans tous les carrefours, sur tous les boulevarts.. Une seule rue est exceptée de ce privilége, c'est la *rue Barbe,* et vous comprenez pourquoi cet industriel si nécessaire, j'allais écrire si indispensable, se sauve en toute hâte de cette rue savante qui avoisine le Panthéon et les Écoles de Droit et de Médecine... Le calembour serait trop facile et la *rue Barbe* sera éternellement condamnée à vivre sans Épicier... Arrangez-vous de cela.

Ah! par exemple, l'Épicier tout Épicier qu'il est ne se nourrit pas seulement de *simples*, il a aussi pour les veillées sa littérature de prédilection ; mais comme les illustres auteurs dont il se berce, il se permet certains pléonasmes que je me crois en droit de supposer parfaitemant volontaires, ainsi quand il parle à son commis, il lui dit : je voudrais bien que tu ne te *mêles* pas de cela...... Voyez-vous la malice ? Si l'Épicier avait fait accorder les deux verbes, il aurait dit que tu ne te *mêlasses pas...* et vous comprenez que les clients et surtout les clientes s'en seraient donné à gorges chaudes... La diplomatie est de tous les états.

Un trait achèvera l'esquisse et prouvera que la réclame peut nous venir de l'autre monde.

A cinquante pas du tombeau d'Héloïse et Abélard, vous trouvez dans le Père-Lachaise une pierre sur laquelle est gravée l'inscription suivante : *Ici repose Monsieur Gériflard, le plus honnête des maris, le plus regretté des hommes, sa veuve inconsolable lui a fait ériger ce modeste monument et continue son commerce d'Épicerie faubourg Saint-Martin, n°...*

Après cela, qu'aurions-nous à dire ? Les Cénotaphes ont leur éloquence. »

Si l'Épicier n'est pas façonné aux belles manières c'est que, généralement, il se recrute dans les familles habituées au travail, il apporte avec lui cet air de bonhommie plus respectable que l'air des loustiques qui cherchent à le ridiculiser.

Presque toujours le premier levé et le dernier couché, il ne saurait dire l'heure à laquelle il déjeûne et dîne, il ne s'appartient pas ; l'activité, l'ordre et l'économie sont les qualités auxquelles il doit surtout la réussite de son commerce, l'un des plus ingrats du monde. A toute heure du jour la fortune et la pauvreté se coudoient devant son comptoir et il sourit aussi bien à celle-ci qu'à celle-là, il suit les fluctuations et les caprices de l'une et de l'autre en débitant les mille utilités de ménage entassées dans sa boutique, ce qui, peut-être, ne contribue pas peu à entretenir chez lui cet esprit d'ordre et d'économie qui le distingue.

Pendant longtemps le plus grand nombre des Épiciers préparaient eux-mêmes leur chocolat, mais le voisinage d'ingrédients et substances de toute sorte était incompatible avec cette manipulation dont l'entrain apportait aussi de la gêne et du désordre dans l'établissement. Aujourd'hui ils sont pour la plupart les entrepositaires des grandes fabriques spéciales réunissant tout pour préparer le cacao dans des conditions meilleures.

Il est resté à l'Épicier une autre besogne plus simple en apparence, mais pourtant plus délicate, c'est celle de la torréfaction du café, opération abandonnée le plus souvent à un homme de peine inhabile à donner à cette importante opération tous les soins qu'elle exige.

Vous voyez que nous sommes sérieux quand il le faut, que l'Épicier a toutes nos sympathies et que nous savons comme nous l'avons déjà dit rendre à César ce qui appartient à.... l'Épicier.

SILHOUETTE DU LIMONADIER.

« Ce n'est ni le péplum des Empereurs, ni la toge des Consuls, ni la tunique des Vestales, ni la bandelette du torréador.... C'est une *serviette,* c'est-à-dire ce qu'il y a de plus commun, de plus plébéien, de moins poétique.

Eh bien ! armé de ce simple carré de calicot ou de toile, le Limonadier est un potentat, un autocrate, un sultan.

N'essayez pas de découronner le Limonadier de cet insigne de puissance, vous n'y parviendriez pas, ce serait arracher la chair de ses os, vider le sang de ses artères.

Vous entrez dans un café, des garçons courent çà et là prêts à vous servir ; ils vont d'une table à l'autre, obéissant à tous les ordres, répondant à tous les appels... Vous vou-

lez savoir quel est le Patron, le voilà debout, le front calme
l'œil serein... La *serviette* sous le bras.

Les épaulettes disent le Général ou le Capitaine, les galons
disent le Sergent, la *serviette* dit le Limonadier en chef ..
Je me trompe, un être le domine ; je me trompe encore à
moins que *être* ne soit des deux genres , et celui-ci ou
celle-là c'est la Dame du Comptoir.

Elle est parée de fleurs, de dentelles de diamants vrais
où faux, elle ne montre que le bout des doigts ; la rondeur
de ses épaules, l'élégance de ses bras... Le Limonadier ne
montre que sa *serviette*, et son empire est reconnu.

Tiens, tiens qu'est-ce que l'on glisse entre mes doigts ?
Une Notice assez originale sur le Limonadier. Ma foi, la
besogne est faite, emprunter c'est s'enrichir, je copie et
je donne une part du bénéfice à mes lecteurs. »

Pourquoi Limonadier ? N'est-ce pas le café qui a donné
lieu à ces sortes d'établissements qui prenaient pour en-
seigne le nom de cette denrée coloniale. Si les Chefs de
ces établissements ont de nos jours répudié la qualité de
Cafetier, est-ce à cause du féminin qui s'applique tout-à-
la-fois à la femme et au vase destiné à contenir la liqueur
suprême, ou bien serait-ce par cas de conscience du peu de
soin qu'ils apportent généralement à sa préparation quoique
pourtant ce soit l'article le plus productif de leur maison ?

Le Limonadier ou Cafetier se fait remarquer par les dé-
fauts contraires à toutes les bonnes qualités qui distinguent
le corps des Épiciers.

Le Cafetier aime le bien vivre et le superflu, peut-être
par esprit de métier car il ne vend que du superflu. Volon-
tiers oisif, sans doute aussi parcequ'il excite l'oisiveté, joueur
parce qu'il fait jouer et qu'il a tout à gagner avec des joueurs
et des oisifs, consommant toujours ou du moins ayant l'air
de consommer pour forcer le débit. Vaniteux et servile
tout-à-la-fois, le Limonadier fait de rares fortunes malgré la
lourde contribution que supporte le consommateur ; en

effet, il est des articles sur lesquels il gagne plus de trois cents pour cent. Avec cela il ne trouve pas moyen de payer son personnel, témoin cette tirelire permanente, ayant toujours la bouche ouverte comme pour mendier un surcroit de paiement ; l'offrande diront-ils est facultative, mais non le consommateur qui acquitte sa dépense ne se soustrait à la silencieuse provocation de la tirelire qu'en faisant violence à son amour-propre, placé qu'il est sous le regard de la dame de comptoir et du garçon, l'œil ouvert sur ses mouvements, puisque c'est cette nouvelle contribution qui fait ses gages.

On a bien l'exemple de quelques fortunes rapides acquises par des vogues souvent inexpliquables, mais la vérité est que le plus grand nombre végète et que quelques-uns ont recours à des stratagèmes quelconque, soit par exemple l'exhibition de certaine héroïne ayant figuré dans des procès criminels, ou simplement de belles statues vivantes, etc.

Le Cafetier qui eût été à même de propager utilement l'usage du café, du thé et du chocolat, d'apporter le plus grand soin à leur préparation, en un mot de conserver et de faire ressortir le mérite de ces trois denrées, en a au contraire arrêté jusqu'ici la popularisation par l'impôt exhorbitant qu'il prélève sur chaque consommateur et par le peu de souci qu'il prend de la qualité.

Il est juste de dire que, par exception, quelques-uns poussent assez loin l'amour-propre du métier pour ne rechercher que les marchandises de choix supérieur ; pourtant il est à remarquer que même dans ces bonnes maisons, il y a beaucoup de variations dans la qualité du café.

Je m'arrrête, une plus longue citation n'en dirait pas davantage, le croquis me semble complet : il est trois heures du matin, *l'homme à la serviette ne pose plus,* il dort du sommeil du juste. Laissons-le dans son repos, mais comme ma besogne n'est pas complète, je me propose de le réveiller plus tard.

Du Café.

Nature du Café.

Le café contient en quantité diverse une huile essentielle aromatique très-soluble et diffusible dans laquelle réside tout son mérite, et par conséquent sa valeur commerciale.

Le *Moka* est de tous les cafés, celui qui en est le plus richement pourvu, aussi est-il le plus cher ; sa contexture diffère des autres cafés en ce qu'elle est plus délicate.

Le café *Martinique* marche presque de pair avec le *Moka ;* moins riche que ce dernier en arôme, s'il ne flatte pas autant l'odorat, il est presque aussi agréable au goût.

Toutes les autres natures de cafés quoiqu'inférieures en qualité, n'en n'ont pas moins un certain mérite, celles de médiocre valeur sont vendues souvent dans le commerce sous des noms qui ne leur appartiennent pas, l'expérience seule peut mettre en garde contre cette tromperie ; des spéculateurs ont poussé la cupidité jusqu'à teindre en vert à l'aide de sel de cuivre, des cafés de bas prix dans le but de leur donner l'apparence et la valeur du café *Martinique*.

La qualité des cafés résidant uniquement dans le plus ou le moins de matières solubles qu'ils contiennent, voici un moyen simple et facile de préciser la qualité particulière des différentes espèces.

Après avoir torréfié des cafés au même point, on prend un poids parfaitement égal de chacun, dont on fait séparément une infusion avec une même quantité d'eau, dans des ustensiles absolument semblables, en observant aussi que

cette opération s'accomplisse dans un même laps de temps,
après quoi on recueille séparément les marcs pour les faire
sécher simultanément à une température égale, et lorsque
la dessiccation est complète, on les pèse, et celui qui se
trouve le plus léger est évidemment celui dont la contexture est plus délicate et qui a abandonné à l'eau un plus
fort poids de cette matière soluble qui fait la richesse du
café; donc, la liqueur obtenue avec ce dernier a naturellement plus de force.

Propriétés du Café.

J'ai dit précédemment que l'infusion du café a tous les
avantages des boissons spiritueuses sans en avoir les inconvénients, en ce qu'elle ne cause ni l'ivresse ni l'abru-
tissement et les accidents qui en sont la suite.

Le café contrairement à ce qui à été dit jusqu'à ce jour,
peut se prendre aussi bien froid que chaud ; mais dans le
premier cas, le goût exige qu'il soit tout-à-fait froid.

L'association de l'eau-de-vie au café est funeste à l'estomac et à la bourse, tout à la fois; du bon café exempt de
mélange, n'a pas besoin, pour être efficace de cet accom-
pagnement nuisible et coûteux.

L'infusion du café agit favorablement sur le système nerveux et circulatoire, elle empêche la dénutrition, augmente
les forces et l'activité ; fait qu'on se sent plus dispos, l'esprit plus libre et plus enjoué, son usage convient surtout
aux personnes d'un tempéramment lymphatique, ainsi qu'à
toutes celles soumises à un régime débilitant où à certaines
influences atmosphériques nuisibles à la libre circulation du
sang et qui occasionnent la mollesse et même les fièvres
chez quelques individus, ainsi que cela peut s'observer dan
certaines contrées de la France dont je citerai, plus particulièrement les Départements du Centre.

Le café est une boisson très-peu coûteuse lorsqu'elle est débarrassée des accesssoires d'eau-de-vie et de sucre ; les personnes privées de vin ou de boissons toniques pourraient s'en composer une très salutaire, en versant dans un litre d'eau une demi-tasse de café obtenue avec environ quinze grammes de poudre, elles trouveraient dans cet usage un bien-être inaccoutumé. Nos armées d'Afrique doivent au café, la conservation de cette vigueur, de cette activité dont elles auraient été privées sous ce climat accablant.

Malgré ma prédilection pour le café, je dois dire que les personnes douées d'une trop grande sensibilité du système nerveux, feront bien de s'en abstenir.

Torréfaction du Café.

Le café cru a une saveur désagréable qui ne permet pas même de soupçonner qu'il puissse renfermer quelque mérite ; par conséquent, il est juste d'attribuer la découverte du café à celui qui le premier a eu l'occasion de le soumettre à une forte chaleur ; puisque en effet, il n'a réellement de qualité qu'après avoir été torréfié et débarrassé par là, de sa crudité désagréable ; c'est seulement alors que l'arôme devenu libre apparaît avec toutes ses séductions.

Depuis l'apparition du café en France, l'action de torréfier ou griller, se désignait par le mot *brûler,* on vendait ou on achetait du café *brûlé.* Il est des mots qui bien que classés et définis dans le dictionnaire Français, n'en sont pas moins inconnus du vulgaire, parce qu'ils ne sont pas usités ; c'est pourquoi, lorsque des commerçants, mieux avisés que les autres ont inscrit orgueilleusement au front de leur boutique : *Spécialité de Cafés Torréfiés,* la masse des consommateurs pour qui ce dernier mot était nouveau, a cru qu'il s'agissait là d'une opération nouvelle propre à augmenter la qualité du café, c'est ce qui explique la vogue

momentanée dont furent favorisés quelques-uns de ces établissements qui, en réalité, n'ont rien fait de nouveau, ils
ont continué comme les Épiciers, *à brûler* le café et à fausser
le goût des consommateurs dont la plupart croient trouver la qualité dans une couleur forcée et une amertume
résultant de la carbonisation.

Des commerçants renchérissant sur la prétention du
mot, ont annoncé avec fracas, les uns qu'ils torréfiaient à la
vapeur, les autres qu'ils torréfiaient à l'air chaud , ce sont
autant de bourdes et d'amorces jetées à un public inconstant
et toujours avide de nouveautés.

Est-ce à dire que la vapeur étant employée comme force
motrice au remplacement d'une main d'homme, pour tour-
ner la broche, la torréfaction doive être faite avec plus de
discernement ? Je pense tout le contraire.

Pour ce qui est de la torréfaction à l'air chaud , je me
bornerai à demander si la coutume est de torréfier à l'air
froid ; ici la naïveté me paraît un peu trop forcée.

D'autres ont imaginé des procédés concentrateurs ayant
pour objet de retenir au-dedans du grain le principe aromatique disposé à s'en échapper ; or, l'application de ce
procédé devant se faire avant que la perte de l'arôme ait
eu lieu, et par conséquent, avant que la torréfaction soit
complète, il est aisé de comprendre que l'on renferme for-
cément en même temps, cette crudité et cette acidité qui,
en nuisant à la qualité du café, occasionnent chez le consommateur des maux d'estomac.

Tous les systèmes qui ont pour objet de verser sur le
café des spiritueux, du sucre et du beurre etc., contribuent
à en dénaturer la saveur, l'odeur et la couleur.

Tous les *Cafés* dits *de Chartres,* sont sans mérite pour les
véritables amateurs, attendu qu'ils sont privés de ce parfum
et de cette finesse de goût, principal attrait de cette liqueur ;
leur séduction réside uniquement dans la couleur artifi-
cielle qu'ils empruntent au *caramel ,* lequel par son amer-

tume leur donne une apparence de force. Il est vrai que, si ces cafés sont recherchés par quelques personnes ce n'est guère que pour l'usage du lait dont il dissimule assez bien la pauvreté.

J'expliquerai plus loin comment on obtiendra le même résultat sans détruire l'arôme du café.

On trouve au Ministère du Commerce, sous la date du 24 mai 1851, un *Brevet d'invention* s'appliquant à la torréfaction et préparation du café, spécifiant comme moyens concentrateurs, de verser sur le café, alors qu'il est presque grillé, un liquide saturé de drogues de toutes sortes, parmi lesquelles je citerai : *l'aloës, l'absinthe, la gentiane, le houblon, le laurier sauce*, *etc.*, le même liquide est aussi ajouté à l'infusion.

Pendez-vous donc Mme GIBOU et Mme POCHET, vous n'avez pas songé à faire bréveter votre thé merveilleux.

Des industriels plus sérieux ont inventé des brûloirs qui, selon eux devaient avoir pour résultat, de faciliter l'importante opération de la torréfaction ; les uns par l'addition d'une double enveloppe ; d'autres, par une doublure intérieure en toile métallique ; d'autres, par un ingénieux système de bascule, qui permet de se rendre un compte exact du poids que l'on veut faire perdre au café ; d'autres enfin, en recueillant la fumée qui s'échappe de la fève, prétendant à tort, l'utiliser en en parfumant de la poudre de café.

Tous ces merveilleux systèmes n'ont pas fait faire un pas de plus à la torréfaction : le café qui provient de ces ustensiles, n'est pas meilleur que celui obtenu avec un simple appareil de tôle, qui était de forme cylindrique avant que M. VOISIN, ait eu l'heureuse idée d'y substituer la forme d'une *boule;* par ce nouveau système, la chaleur a une action parfaitement régulière sur le café.

Le premier perfectionnement à apporter dans les brûloirs consiste à substituer au métal, la porcelaine ou simplement la terre réfractaire, pour conserver le café dans son état de pureté en le débarassant de l'acide gallique qui lui donne l'âcreté et la couleur de l'encre.

Le café bien torréfié ne doit être ni luisant ni de couleur marron *foncé,* ainsi que cela est indiqué dans la plupart des formulaires, il doit, être au-contraire, plus tôt terne que luisant et avoir la couleur *marron-clair.*

Une torréfaction poussée trop loin détruit en grande partie le principe aromatique qui laisse à la surface, la trace de son évasion en la couvrant d'un vernis.

Que l'on soit marchand de café ou simplement consommateur, on reconnaîtra sans peine, qu'une infusion de café, si bonne qu'elle soit, est bien loin de posséder ce parfum si saisissant et si agréable qui vient réjouir l'odorat au moment où la torréfaction touche à sa fin, et que l'huile essentielle aromatique se consume et s'échappe en épais tourbillons de fumée. On ne prendra jamais trop de précautions pour conserver au café cette richesse dont le prive partiellement chacune des transfigurations auxquelles il est soumis.

La torréfaction place l'opérateur dans cette alternative : 1º de conserver au café, un goût âcre et acide, désagréable au palais, si on le grille trop légèrement en vue de ménager son ârome, 2º de perdre le principe aromatique si l'on grille trop fort en vue de le débarasser entièrement de cette crudité nuisible à sa qualité.

Pour vaincre cette difficulté, voici comment on peut procéder :

On brise le grain à l'aide d'une machine à concasser, de façon à ce que la fève soit divisée en deux ou trois morceaux; on l'expose tout d'abord à une chaleur douce qui dessèche parfaitement, après quoi on s'occupe de la torréfaction. En cet état, le café plus accessible à l'effet de la chaleur se colore beaucoup plus vite, et au moment où la combustion de l'huile essentielle aromatique commence à se manifester par quelques fumerolles, l'opération est complète.

Le café ainsi traité, a plus de poids que lorsqu'il est grillé,

dans son entier; son arôme a plus de suavité et son goût
plus de finesse.

Soins à donner au Café Torréfié.

Dans la multitude des marchands de café, il en est qui
apportent réellement des soins à la torréfaction, mais on
peut dire que tous sont coupables de la même négligence
à l'égard du café torréfié qu'ils exposent à l'air, depuis
l'instant où il sort de la broche jusqu'à celui où il quitte la
boutique pour passer chez le consommateur qui n'a pas de
raison pour être plus soigneux de la marchandise que ne
l'est l'homme spécial. Il résulte de cette insouciance que
le café qui a été débarrassé par la torréfaction de toute l'humidité qu'il contenait auparavant, se trouvant alors absolument sec, obéit à une loi physique en s'emparant avec
une certaine avidité de l'humidité et surtout des impuretés
de l'air; ce qui contribue à dénaturer ses principes solubles
en leur donnant l'âcreté et la couleur de l'encre.

Si par inexpérience, vous dirigez assez mal la torréfaction
pour faire perdre au café quelques unes de ses bonnes qualités, ayez donc la précaution de lui conserver au moins
le peu qui lui en reste.

Et si au-contraire, vous avez l'habileté nécessaire pour
bien traiter la torréfaction, poussez donc la sollicitude
jusqu'au bout, en ayant soin de tenir votre café bien
renfermé lorsqu'il est grillé.

Il est d'usage de loger le thé dans des boîtes fermant
hermétiquement; il est également d'usage d'envelopper le
chocolat de feuilles d'étain pour le protéger contre l'humidité de l'air; pourquoi priver le café de ces avantages, lui
qui est plus susceptible et plus délicat que ces deux autres
substances,

Croyez-moi, soyez avare de la pureté et de la richesse du
café; car, outre ce qu'il a déjà perdu à la torréfaction,

il aura encore beaucoup à perdre à chacune des nouvelles transformations qu'il doit subir avant d'arriver au palais du consommateur.

Café en poudre.

Dans l'origine on réduisait le café en poudre au moyen du pilon, c'est ainsi que l'on procède encore en Orient. Plus tard on a confié la pulvérisation à de petits moulins qui rendent l'opération beaucoup plus expéditive.

Des appréciateurs au nombre desquels je citerai BRILLAT-SAVARIN, ont prétendu, avec raison, que le café pilé était préférable au café moulu, mais aucun n'en a expliqué la cause.

La vérité est, que le café pilé donne davantage de corps à l'infusion et une certaine apparence de force qui n'est pas exactement la même avec le café moulu ; toutefois il faut un palais bien exercé pour constater cette différence. Ayant donc présumé que le pilage devait avoir pour effet d'augmenter les parties gommeuses contenues déjà dans le café, j'ai essayé d'ajouter un peu de gomme arabique à du café moulu ; et, à l'infusion, j'ai obtenu, en effet, le résultat espéré, à savoir que le liquide ayant un peu plus de corps, fixait et arrêtait mieux au palais les principes du café qui, par cette raison, semblait avoir plus de force et de suavité qu'une infusion obtenue avec une égale quantité de poudre exempte de gomme. Par conséquent, j'avais obtenu les avantages du pilage, sans en avoir les lenteurs et l'évaporation ; en outre je pouvais augmenter son effet en ajoutant la gomme dans une plus grande proportion ; il semble qu'en procurant au liquide un léger mucilage, les principes aromatiques du café se trouvent en quelque sorte mieux enveloppés et maintenus en suspension ; le fait est, que ce procédé que j'employais dans la préparation du café, dit *suprême,* a un mérité réel, puisqu'il a fixé l'attention des gourmets, et attiré un concours nombreux de consommateurs, tant que j'en ai dirigé la fabrication.

Les débitants de café ont l'habitude de moudre d'avance, d'abord parce que leur occupation ne leur permet peut-être pas d'avoir à chaque instant la main au moulin : puis en outre, parceque la vente de la poudre se prête assez bien dans la fasification, ainsi que je l'expliquerai plus loin.

J'ai donc une double raison pour recommander aux consommateurs de n'acheter jamais le café qu'en grain, dût-on, *soi-même,* le moudre dans le moulin du marchand, si l'on n'en a pas un chez soi ; car, non-seulement on se trouve ainsi à l'abri de la fraude, mais encore parce que du café moulu trop longtemps à l'avance, perd beaucoup de son mérite ; et, en effet, le principal attrait du café, sa plus grande séduction, résident dans l'arôme qui s'échappe avec rapidité et se répand dans l'air, aussitôt que le moulin a brisé les mille petites cellules dans lesquelles il se trouve renfermé. Or, le café ne doit passer dans le moulin qu'à l'instant même où il va être soumis à l'infusion. Je parle ici, pour les amateurs qui tienent véritablement au bon café, et non pour les consommateurs qui acceptent un liquide qui n'en a que le nom.

Moudre du café d'avance, c'est tenir sans être bouché un flacon renfermant une essence volatile. C'est aussi cueillir aujourd'hui une fleur odorante & la laisser flétrir avec l'idé de jouir demain de son parfum.

Le café moulu d'avance subit encore une altération réelle dans sa saveur par les influences de l'air ; en conséquence tous les commerçants qui tiennent à honneur de vendre du café de bonne qualité, ont donc une double raison, ainsi que je viens de le dire, pour s'efforcer de ne le livrer qu'en grains ; il appartient d'ailleurs, aux consommateurs de corriger ou d'éviter les abus dont ils sont eux-mêmes les premières victimes.

Je n'hésite pas à signaler comme suspect et comme ne pouvant pas être de bonne qualité tous les cafés dits de *Chartres* et tous autres vendus en poudre sous le fallacieux prétexte de préparations spéciales ayant le soi-disant mérite d'augmenter la qualité, tandis qu'ils sont entièrement dépourvus d'arôme s'ils n'ont pas d'autres inconvénients, ce qui m'autorise d'ailleurs, à me prononcer hardiment sur cette question, c'est que je suis en mesure d'appuyer mes arguments par des preuves incontestables.

Sentez bien la poudre de café réjouisssez-en votre odorat, emplissez-en vos poumons lorsqu'elle sort du moulin; car, si son odeur est dejà moins saisissante que la fumée qui s'échappe au moment de la torréfaction, l'infusion à son tour va continuer l'œuvre de destruction et lorsque vous la boirez, elle ne vous apportera que d'une manière très-incomplète le souvenir de la poudre.

Préparation du Café Liquide.

Avant de parler des différentes manières de préparer le café liquide, il n'est peut-être pas inutile de dire que s'il a été bien torréfié, il doit produire une infusion de couleur marron-clair ayant un reflet doré et donner au lait une légère teinte jaune.

Un café quoique faible en couleur peut cependant être réellement plus fort qu'un autre qui serait plus coloré par l'effet de la carbonisation.

Pendant longtemps on a préparé le café à l'eau par l'ébullition et c'est à ce mode, qu'on doit assurément l'habitude de faire bouillir le marc qui, dans ce cas, se trouve imprégné naturellement du liquide qu'il a produit, Les *Cafetières à filtre* sont venues détruire ce vieux mode si nuisible à la bonne qualité du café; il est vrai que celui qui consiste à faire bouillir est plus expéditif, mais cette raison ne saurait être une excuse, puisqu'il est incontestable que le café a tout à perdre à l'ébullition. Vous tous consommateurs, qui tenez à la qualité du café, repoussez tous les appareils qui maintiennent ce vieux procédé et n'acceptez que ceux qui se bornent à la simple infusion, j'ajouterai même *unique* infusion ; car un liquide qu'on fait passer une seconde fois sur le marc, perd une partie des richesses dont il s'était emparé à son premier passage sur la poudre.

La cafetière la plus commune, la plus simple et selon moi la meilleure, est encore celle dite *à la Dubelloy*, à laquelle j'ai fait subir certaines modifications importantes: *je réduis de moitié en hauteur le cylindre destiné à recevoir la poudre pour que la chute de l'eau ne puisse la déplacer et pour obliger à n'en vider à la fois qu'une petite quantité selon ce qui est dit ci-après.*

Je remplace le filtre en fer blanc par un filtre mobile qui consiste en un tissu arrêté à l'aide d'une coulisse sur une bague de bois; un éfilé garnissant la circonférence empêche la poudre de descendre entre la bague et les parois du cylindre. Enfin j'abaisse aussi la hauteur du récipient de telle sorte qu'en servant le café les couches inférieures et supérieures se trouvent mélangées.

On a généralement l'habitude de verser de suite sur la poudre du café, la presque totalité de l'eau qui, tout d'abord soulève la poudre, et, trouvant un libre passage, descend précipitamment dans le récipient avant d'être saturée des principes solubles du café, jusqu'à ce que la poudre ramollie et devenue plus lourde redescende sur le filtre. Cette façon de faire est vicieuse et voici avec qu'elles précautions on doit procéder :

On place la poudre dans le vase à filtrer, sans la fouler *le fouloir est un objet inutile et nuisible,* lorsque l'eau est presque chaude on en verse seulement la quantité nécessaire pour humecter cette poudre qui se détrempe pen-

dant que l'eau continue de chauffer ; enfin on verse success-
sivement en cinq ou six fois différentes, en s'assurant que
la première eau soit entièrement écoulée, avant de verser
la deuxième, et ainsi de suite. On est certain de cette façon,
de débarasser la poudre de toute la matière soluble qu'elle
contient et d'avoir un liquide parfaitement clair.

Les proportions convenables sont d'un litre d'eau pour
un hectogramme de café.

L'infusion du café obtenue avec de l'eau seulement tiède
est beaucoup plus savoureuse que celle obtenue avec de
l'eau bouillante ; donc, ce procédé devrait être accepté par
Messieurs les limonadiers qui vendent le café assez cher
pour s'appliquer à le préparer dans les meilleures conditions possibles.

Les amateurs qu'une raison d'économie n'arrêtent pas
doivent éviter de tirer plus de sept à huit tasses par chaque
hectogramme de poudre, sous peine d'entraîner dans leur
liquide cette matière résineuse, enfin ce goût si désagréable
du marc.

Si l'on se sert d'un appareil en fer blanc, il faut avoir le soin
de le faire sécher devant le feu toutes les fois qu'on le
lave.

Le café liquide que l'on veut conserver d'un jour à l'autre,
ou ne fût-ce même que du matin au soir doit-être renfermé
dans un vase de verre de porcelaine ou de terre, soigneu-
sement bouché et placé dans un lieu frais.

Si, chez les limonadiers, on trouve rarement de bon café,
c'est que, la plupart de ces Messieurs n'ont pas pour lui
toutes les précautions qu'il exige, ils traitent le café par
l'ébullition et avec une décoction de marc ; puis, ils le laissent
séjourner dans le vase d'où il ne sort que pour entrer dans
la cafetière d'argent ou de plaqué, tenue en permanence
dans un *bain-marie,* ainsi le café n'arrive donc dans la tasse
du consommateur qu'après avoir été détérioré par la chaleur
et le contact du métal.

Falsification du Café.

A l'époque du blocus continental, les denrées coloniales arrivèrent à une telle élévation de prix qu'elles furent pour ainsi dire prohibées pour les consommateurs peu aisés, le café s'en ressentit plus particulièrement. C'est alors que des industriels imaginèrent d'y substituer des produits indigènes, des racines de différentes espèces et des céréales furent successivement l'objet de manipulations particulières, la racine de *chicorée* parut se prêter mieux que toutes les autres à la torréfaction et offrir le plus d'analogie avec le café, surtout à une époque où cette denrée coloniale était bien plus mal soignée encore qu'aujourd'hui et dépouillée presque toujours en grande partie de ses principes aromatiques. La chicorée fut d'autant mieux accueillie par le public qu'elle était considérée comme portant en elle *des principes hygiéniques,* les fabricants eurent beau jeu et firent fortune.

Le commerce d'épicerie trouvant d'assez beaux bénéfices dans la vente de ce nouvel article le prôna tant et si bien que, malgré la réduction successive des prix du café, la chicorée ne continua pas moins d'être en usage général, par association, avec le café dont elle devait tempérer l'action trop stimulante. Il résulta de cet état de choses que le nombre des fabricants de chicorée s'accrut, tant en France qu'à l'étranger ; aussi, par esprit de concurrence, des industriels ne reculèrent pas devant l'idée de falsifier ce produit qui servait lui-même à falsifier le café, c'est ainsi que le prix de la chicorée fut *abaissé dans ces derniers temps jusqu'au chiffre impossible de 20 centimes le demi-kilo.* Des végétaux quelconques torréfiés et triturés, puis mélangés de terre et de brique pilée, le tout enduit de caramel, de mélasse ou de fécule, telle était la nature de ces chicorées offertes aux consommateurs les plus avides de bon marché ; je ne dois pas oublier de dire que pour flatter l'œil on ajoutait à ces marchandises de l'*ocre* ou *rouge brun de Prusse*; M. A. CHEVALIER Chimiste, membre de l'Académie, a traité complètement cette question dans son *Dictionnaire des altérations et falsifications des substances alimentaires*, je m'astiendrai donc de parler plus longuement de toutes les marchandises impures qui, sous des noms plus ou moins trompeurs, ont été livrées au commerce et ont donné lieu contre les fabricants à des poursuites et condamnations judiciaires; je me bornerai donc à dire que *la meilleure des chicorées n'a aucun effet salutaire;* pourtant si l'on veut en conserver l'habitude, on doit se tenir en garde contre la fraude et n'acheter pour cela que des racines en morceaux. On en fait une décoction dont on se sert alors pour verser sur la poudre de café, mais je me hâte de le dire, dès qu'il s'agira de chicorée en morceaux, on ne la trouvera pas à vingt centimes ni même a quarante le demi-kilo, ce qui prouve évidemment que les chicorées en poudre ne sont pas pure nature, c'est un devoir pour chacun de combattre la fraude, et de lui retirer tout moyen de se produire surtout lorsqu'il s'agit de substances alimentaires. A ceux qui recherchent la chicorée, pour la couleur foncée et l'amertume qu'elle communique au café, je leur indiquerai un moyen économique de remplir ces deux conditions : d'abord toutes les chicorées sous quelque nom qu'elles se presentent et à quelque prix qu'elles soient vendues, doivent à la présence du caramel la couleur qui les distingue toutes, seulement à raison de leur prix, les unes auront du caramel de mélasse, d'autres , du caramel de sirop de fécule. S'il arrivait qu'à un jour donné, chaque consommateur de chicorée eût la curiosité d'en faire une infusion toute pure, de la sentir et de la goûter, ce jour-là même, la chicorée aurait fini son temps, car il n'y a pas de médecine aussi nauséabonde, aussi repoussante que cette infusion. Les fabricants qui annoncent qu'elle peut s'employer pure, c'est à-dire sans café, comptent sur la présence du sucre et du lait pour la faire avaler.

Je pense que tous les fabricants-cultivateurs de chicorée rendraient plus de service au pays en faisant produire à leurs terres fertiles, de bons légumes, dussent-ils les faire dessécher pour les livrer au commerce en toute saison.

La couleur foncée et l'amertume ne sont pas les caractères du bon café, mais comme je ne veux disputer ici, ni sur la couleur, ni sur le goût, je me contenterai de dire qu'on obtiendra aisément ces deux choses en versant sur la poudre de café quelques gouttes de bon caramel; et il n'est bon, qu'à la condition expresse d'être fabriqué avec du sucre colonial de premier choix. Ce n'est guère de cette nature, qu'il se trouve dans le commerce, aussi est-il préférable de le faire soi-même; avec quarante centimes de sucre on remplacera aisément 60 centimes de chicorée, en ayant de plus l'avantage de nuire moins à la qualité du café, voici une formule pour le faire :

« *Dans un vase de cuivre non étamé on met une quantité de sucre avec un peu d'eau pour l'aider à fondre (environ un verre par kilo) on fait bouillir jusqu'à ce que le sucre ait acquis une belle couleur brune, plus on le laisserait prendre une teinte foncée, plus il aurait d'amertume, ceci est donc une affaire de goût; lorsqu'il est cuit à point, on retire du feu en y versant de suite de l'eau chaude qu'on incorpore au caramel en le remuant jusqu'à lui donner la consistance d'un sirop épais qui aura beaucoup plus d'analogie avec les principes colorants et amers du café, que n'en ont toutes les chicorées, on aura de plus la satisfaction de repousser tout produit impur.* »

C'est chose reçue dans le commerce d'Épicerie que de falsifier le café moulu d'avance en y ajoutant : soit des chicorées, soit d'autres substances; aussi tous les jours on perfectionne ce genre de fraude. Il est des produits qui sont fabriqués tout exprès pour les Épiciers et que ceux-ci se gardent bien de faire connaître à leur clientèle, tout récemment, j'en ai découvert encore un qui consistait en caramel de mélasse, desséché jusques à acquérir une dureté qui permît de le réduire en une poudre à peu près semblable à celle du café, acquérant au moyen de ce mariage, une très-jolie couleur foncée et une certaine amertume.

Je répète ici que les consommateurs ont toutes sortes de raisons pour ne pas acheter le café autrement qu'en grain, et qu'ils doivent se défier plus encore de celui qui se vend à l'état liquide, dans lequel le colonial n'entre le plus souvent que dans une proportion très-insignifiante, à moins cependant qu'il ne leur plaise d'accepter pour café ce qui n'en a que le nom et les apparences.

On doit se défier également de ces soi-disant essences de café, dites concentrées, quelquefois même, *triple concentrées,* dont il suffit disent les fabricants, de quelques gouttes dans une tasse d'eau bouillante pour obtenir un excellent café; ces essences sont surtout prônées pour l'usage du café au lait, ce sont autant de triples et quadruples tromperies *concentrées* en bouteille. Que les personnes qui consentent à payer un lourd tribut aux fabricants essaient d'employer un peu de bon caramel, elles obtiendront les mêmes effets qu'avec lesdites essences; d'ailleurs les essences proprement dites sont incolores et s'il en entre quelquefois dans ces flacons, ce n'est qu'à la surface d'où elle s'évapore dès qu'on enlève le bouchon.

La médecine se trouvant pour de certains cas dans la nécessité d'interdire l'usage du café, conseille de lui substituer certain café factice, afin de concilier autant que possible les rigueurs de l'ordonnance avec les habitudes du malade; en pareil cas, l'orge grillée dans une poële est généralement acceptée, parceque l'effet de la torréfaction lui communique un peu de tonique et la débarasse de ce qu'elle pourrait avoir de trop indigeste. Si dans cet état, cette graine n'a pas rigoureusement les caractères du café elle en a quelque peu les apparences, et dès que le goût du malade s'en accommode, son estomac n'a plus à redouter l'action trop stimulante du café.

J'ai composé à l'aide de céréales un café factice qui, réduit en poudre, a beaucoup de ressemblance avec les cafés de médiocre qualité.

J'employais de preférence *l'orge, le maïs* et *l'avoine*, que je faisais cuire dans de l'eau en y ajoutant du sucre ; *environ 125 grammes par kilo,* après que la coction est complète on fait sécher les graines jusqu'à ce qu'elles aient acquis une dureté telle que dans la cassure elles présentent un aspect cristallisé. En cet état ces graines soumises à la torréfaction se gonflent comme le café et prennent une une belle couleur, aussi bien au centre qu'à la surface, chose qui ne s'obtient pas lorsque les graines sont grillées dans leur état naturel, chacun peut se préparer ainsi un café factice, dont le mélange au colonial ne peut qu'être salutaire, en ayant l'avantage de donner la couleur désirée et du corps au lait, on devra se défier aussi des marchandises qui seraient vendues en poudre, sous le nom de céréales, il faut les voir en grains pour avoir la certitude de n'être pas trompé, on ne saurait prendre trop de précautions lorsqu'il s'agit de l'estomac.

Avant de clore cette première partie, je crois utile d'appeler l'attention de messieurs les Épiciers et Limonadiers, sur un petit appareil d'une combinaison aussi simple qu'ingénieuse, à l'aide duquel on peut, en moins de vingt-cinq minutes casser un pain de sucre en morceaux carrés et de telle épaisseur et surface qu'on désire, cela presque sans déchet et avec une précision mathé-

matique. Cet instrument si désiré depuis lonqtemps par le commerce vient d'être inventé par M. NOLET, mécanicien de Paris.

━━━━━━━━━━━━━━

La deuxième partie aura pour objet le CHOCOLAT, le THÉ, le LAIT et l'EAU-DE-VIE.

V. A. DUVAL.

•Paris. Im onet-Delaguette, r. Ste-Cr.-de-la-Bret, 48.

TABLE DES MATIÈRES

contenues

DANS LA 1re PARTIE.

Paris. Imp. & Lith. Simonet-Delaguette,
Rue Sainte-Croix-de-la-Bretonnerie, n° 48.